Connect & Correct

Första hjälpen för din hållning

Förlag: BoD – Books on Demand, Stockholm, Sverige
Tryck: BoD – Books on Demand, Norderstedt, Tyskland

ISBN: 9789 1 7851 945 3

Första hjälpen för din hållning

Connect & Correct

Charlotte & Elisabeth Liljegren

Introduktion

Din Posturala Muskelkedja är ur balans!

Nej tänker du, inte min! Jodå, kontrar vi med, det är den. Nej tänker du igen, (repetera den meningen valfritt antal ggr tills din känsla är: Jaja, OM den nu *är* det, varför då, och hur vet du det (och vad 17 är min Posturala Muskelkedja*)?

Du kanske känner av din axel, ett knä eller din rygg? Ja, det gör jag nog, erkänner du.

Vad bra! tycker vi… Egentligen inte, men för att komma vidare:

Din kropp berättar något för dig! Vet du att din rygg (eller vad det nu är) förmodligen inte gör ont för att det är något fel på ryggen i sig, utan för att din kropp är en enhet och att allt hänger ihop. Din kropp försöker förmedla något.

Majoriteten av oss sitter för mycket och rör oss för lite. Och vår kropp får inte den utmaning och stimulans den behöver.

Vi har döpt vår metod till Connect & Correct som innebär att du hittar kontakten med den Posturala Muskelkedjan (Connect) och (&) lär dig att korrigera felinlärda muskulära beteenden (Correct).

Det första steget är redan taget: du har köpt boken. Övningarna i boken är enkla, kan utföras var som helst, inga redskap behövs och det bästa av allt: de hjälper verkligen!

Eftersom din Posturala Muskelkedja nu är i obalans, som vi kom fram till att den faktiskt är. Eller hur! Så börjar vi jobba. NU!

*Är du nyfiken på att djupdyka i Posturala Muskelkedjan och hur allt hänger ihop så läs i slutet av boken där vi förklarar.

Innan vi börjar vill vi säga: Tack så mycket för att du köpt den här boken och tacka dig själv för att du är en person som verkligen tar hand om din kropp.

PS: Alla kroppar ser olika ut och har olika förutsättningar. Om någon utav övningarna gör ont så ska du inte göra den övningen.

Ta hand om dig önskar Charlotte & Elisabeth

Hur Du Läser Boken

Det bästa är att bläddra igenom boken och på det viset bli inspirerad. När du känner dig redo så börjar du med basprogrammet.

Varje bild har en förklaring och en (lat) hund som ger dig tips för bästa utförande.

Utöver bas och avslutningsprogrammet adresserar vi de vanligaste kroppsproblematikerna. Har du t.ex. problem med dina knän så gör du basprogrammet, lägger till övningarna för fot och knä och går sedan till den sista delen "avslutningsövningar" och avslutar med dessa.

Vi gillar själva när saker går fort och därför så tar programmen i sin helhet c:a 15-20 min. Fullt överkomligt! Vill du vara stjärnelev så kan du köra programmet 2 ggr (avslutningsövningarna gör du dock bara en gång och såklart vid just avslutet).

Vi gillar en sak till och det är att slippa behöva tänka på antal repetitioner eller behöver räkna sekunder. Känner du igen dig? Ta kontakt med oss så skickar vi dig filmer där vi presenterar programmen i sin helhet. Helt enkelt; det enda vi inte gör, är övningarna åt dig.

Trandin    Vi hjälper dig!    Milla

Stå Posturalt

Stå som du är tänkt att stå, nämligen så här:

Ställ dig som på bilden med din egna knytnävsbredd mellan fötterna, med den 3:e tån pekandes rakt fram. Slappna av i magen, slappna av i axlarna och fördela vikten jämt mellan höger och vänster ben. Fördela också vikten jämt mellan trampdynor och hälar.

Lägg märke till hur det känns att stå så här. Känns det helt naturligt?
Ställ dig så här innan och efter varje program och analysera upplevelsen i kroppen innan och efter varje pass.

Utgå alltid från den hä positionen i alla ståend övningar (om inget annat anges).

Bas-Program

Z-liggande Vila

Hur gör du: Ligg i 90° vinkel med underbenen upp på en stol. Hälarna ut och tårna in, handflatorna upp. Andas till magen.

Vad är den bra för: Den här positionen rätar ut kroppen med hjälp av gravitationen.

Milla tipsar: Se till att fötterna inte ligger mot ryggstödet. Här gäller det att slappna av i HELA kroppen.

Z-liggande Kuddtryck

Hur gör du: Ligg som i Z-liggande vila och placera en kudde mellan knäna. Arbeta med liksidigt tryck med knäna mot kudden så att du känner arbete i insida lår och ljumske området.

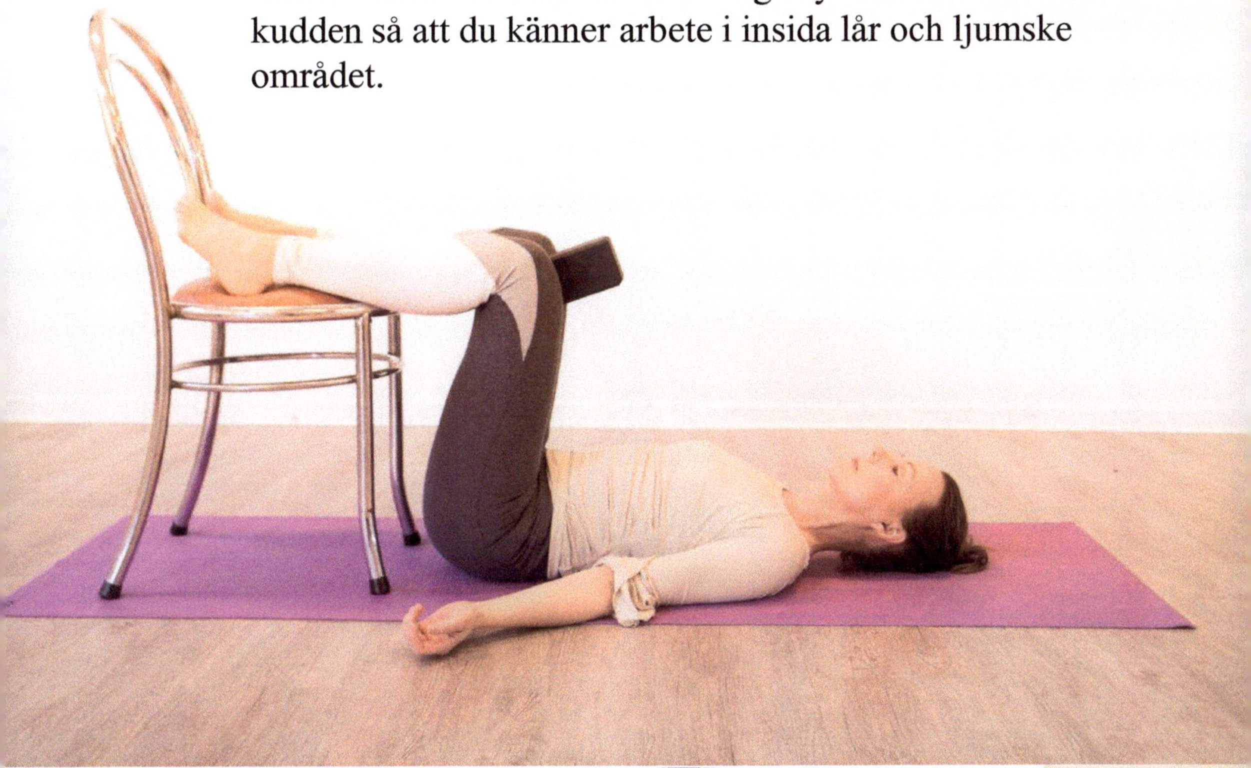

Vad är den bra för: Bidrar till en bättre höft-bäcken-ländryggsfunktion.

Trandin tipsar: Se till att mage, rygg och säte är avslappnade.

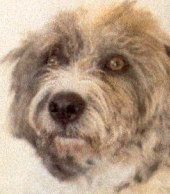

Rygg Crawl

Hur gör du: Ligg på rygg och dra upp höger knä högt upp mot samma sidas axel samtidigt som vänster arm går rakt bakom dig. Snabba byten höger-vänster växelvis.

Vad är den bra för: Förbättrar den motoriska förmågan samt aktiverar och mjukar upp kroppen.

Milla tipsar: Känner mig lite tjatig nu, men slappna av i mage och rygg under hela övningen.

Fotcirklar Sträck & Flex

Hur gör du: Ligg på rygg och dra upp knät mot samma sidas armhåla. Gör stora tydliga fotcirklar utan att underbenet rör sig. Byt håll på cirkeln och slutligen sträck och flexa foten om vartannat. Mage och rygg förblir avslappnade.

Vad är den bra för: Balanserar muskler i benet, stärker höftböjaren. Bra för hela Posturala Muskulaturen.

Trandin tipsar: Har du problem med fötterna så kan du hålla under knät. Då blir det inte lika mycket jobb för höftböjaren och du kan fokusera på fotrörelsen mer.

Fot & Knä

Fläta Tår

Hur gör du: Fläta ihop dina fingrar med dina tår. Cirkla foten utåt, inåt samt sträck och flexa.

Vad är den bra för: Mjukar upp fotlederna, stimuler rörlighet och funktic i tårna och vristerna

Milla tipsar: Försök få in fingrarna så långt du kan för att skapa maximal separation mellan tårna. Tänk på din övriga hållning.

Pyramidliggande Knäpress & Fotkläm

Hur gör du: Ligg med böjda knän, placera ett band runt knäna och en kudde mellan främre delen av fötterna. Pressa ut med knäna och kläm in fötterna mot kudden, slappna av. Upprepa.

Vad är den bra för: Balanserar upp musklerna framför allt i höften.

Trandin tipsar: Ett bra tempo är press/kläm-håll-håll-släpp.

2positions Tåhävningar

Hur gör du: Stå med raka fötter, skulderbladen ihop. Res dig rakt upp på tå och ner igen om vartannat. Sedan ställer du dig med utåtroterade fötter och gör samma sak.

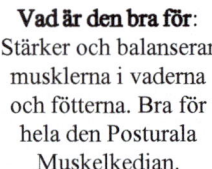

Vad är den bra för: Stärker och balanserar musklerna i vaderna och fötterna. Bra för hela den Posturala Muskelkedjan.

Milla tipsar: Spreta ut tårna och ha lika mycket tyngd på hela trampdynan. Slappna av i magen.

Bäcken & Länd

Höftböjar Stretch

Hur gör du: Ställ dig på knä och ta fram det ena benet, kom fram med all vikt in i den främre höften. Den främre hälen ska vara direkt under knät. Knäpp händerna på knät och pressa överkroppen bakåt.

Vad är den bra för: Aktiverar höftböjarna, förbättrar knästabiliteten, huvudposition och bidrar till en naturlig svank.

Trandin tipsar: Tänk att någon trycker fram rumpan på dig så att du verkligen landar in i den främre höften. Slappna av i magen hela tiden.

Pyramidliggande Kuddtryck

Hur gör du: Ligg med böjda ben och raka fötter. Placera en kudde mellan knäna. Pressa och släpp knäna mot kudden.

Vad är den bra för: Stabiliserar bäckenet med hjälp av förbättrad funktion i höftböjarna.

Milla tipsar: Tänk på slappna av helt i ryggen och magen. Leta efter att känna arbetet i insida lår och ljumske-området.

9₀° Twist

Hur gör du: Lägg dig på sidan, dra upp knäna så att de är rakt ut från höften och underbenen rakt ner från knäna. Håll i ditt övre knä med din undre arm. Öppna upp den övre armen så att det blir en stretch i bröstmusklerna.

> **Vad är den bra för**:
> Utjämnar rotationer i bröstryggen.
> Förbättrar överkroppspositionen.

> **Trandin tipsar:**
> Låt inte det övre knät glida bak när du twistar. Håll kvar knät med hjälp av handen. Slappna av.

Rygg

Rullande Crunch

Hur gör du: Ligg som i Z-liggande vila med en kudde mellan knäna. Pressa ner armbågarna i golvet när du ligger ner och dra in hakan. Rulla upp kota för kota när du kommer upp i crunch.

Trandin tipsar: Rulla bara så lång upp som du kommer, utan att ta hjälp av armarna.

Vad är den bra för: Släpper på stelheter i bröstryggen.

Motsatt Ben & Armlyft

Hur gör du: Ligg på mage och vila pannan på golvet. Sträck och lyft motsatt arm och ben om vartannat. Sträva efter att känna arbetet i ryggen.

Vad är den bra för: Mjukar upp och stärker ryggen.

Milla tipsar: Tänk att någon drar dig i benet och armen som du lyft upp. Behåll bäckenet i marken hela tiden.

Kobra

Hur gör du: Lägg dig på mage. Placera en kudde mellan knäna. Fötternas position ska vara: hälar ut och tår in. Kom upp på dina underarmar, släpp ihop skulderbladen och slappna av.

Vad är den bra för:
Släpper på spänningar och bidrar till en bättre överkroppsposition.

Milla tipsar:
Om det känns i ländryggen så prova att pressa knäna mot kudden eller kom lägre ner.

Skuldror & Axlar

Lats Stretch

Hur gör du: Stå på knä och lägg upp ena armbågen på en stol. Fördela vikten jämnt mellan knäna. Sjunk in i positionen tills du känner en stretch.

Vad är den bra för: Släpper på stelheter i rygg, bröst och axlar.

Milla tipsar: Slappna av i magen, låt armen som är i golvet förbli rak. Ihop med skulderbladen och puta med rumpan.

Stående Armcirklar

r gör du: Stå med raka
tter, sträck ut armarna
kt ut från axlarna och för
op skulderbladen.
öj in övre delen av
grarna,
ndflatorna ner och
mmarna fram när du gör
kelrörelser framåt.
ndflatorna upp och
mmarna bak när du gör
klar bakåt.

Vad är den bra för:
Stärker musklerna i
skulder och
axelpartiet samt
förbättrar hållningen.

Trandin tipsar:
Kläm ihop skulderbladen genom hela
övningen. Se till att hålla axlarna långt ifrån
öronen.

Skulder Hissen

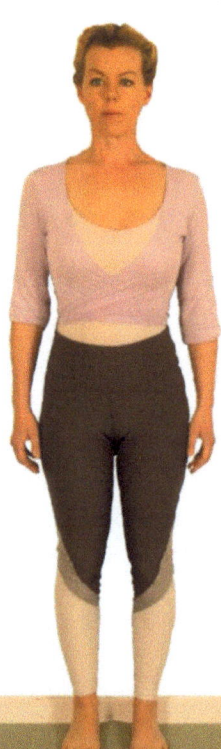

Hur gör du: Stå mot en vägg så att du känner bakhuvud, skulderblad och säte mot väggen. Hissa upp skuldrorna och axlarna upp mot öronen och sänk sedan så långt du kan. Jobba i samma tempo i båda riktningarna. Håll kontakten mot väggen hela tiden.

Vad är den bra för: Ökar rörlighet, släpper spänningar samt stärker axlarna och skuldrorna.

Trandin tipsar: Se till att armarna är helt avslappnade. Rörelsen ska enbart komma från axlarna och skuldrorna.

Avslutnings Övningar

Katt & Hund

Hur gör du: Stå på alla fyra, andas in, svanka och låt skulderbladen mötas bak i ryggen. Andas ut, skjut upp ryggen mot taket. Växla mellan positionerna i ett flöde.

Vad är den bra för
Mjukar upp ryggen återskapar naturlig svank.

Milla tipsar: Tänk att höftmuskulaturen är det som driver rörelsen.

Jägarvila

Hur gör du: Stå mot en vägg och sjunk ner i 90° vinkel i knäna. Låt axlarna slappna av och pressa din svank mot väggen.

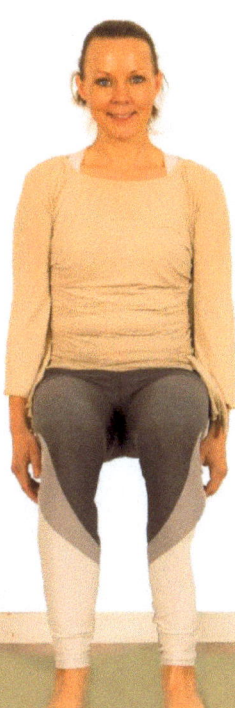

Vad är den bra för: Stärker framsida lår. Balanserar upp kroppen.

Trandin tipsar: Se till att du belastar båda fötterna lika mycket. Om knäna faller in så kan du placera en kudde mellan dem.

Tid / Antal Repetitioner Per Övning

Basprogram:

Z-liggande vila	3min
Z-liggande kuddtryck	20st
Rygg crawl	20st
Fotcirklar, sträck & flex	10st/ riktning

Fot & Knä:

Fläta tår	5st/ riktning
Pyramidliggande knäpress & fotkläm	20st
2 Positions tåhävningar	20st/position

Bäcken & Länd:

Höftböjarstretch	45sek/sida
Pyramidliggande kuddtryck	20st
90° twist	45sek/sida

Tid / Antal Repetitioner Per Övning

Rygg:

Rullande crunch	15st
Motsatt ben & armlyft	10st/ sida
Kobra	1min

Skuldror & Axlar:

Lats stretch	45 sek/sida
Stående armcirklar	10st/håll
Skulder hissen	10st

Avslutnings Övningar:

Katt & hund	10st
Jägarvila	1min

Hur ofta ska jag göra övningarna?

Precis som med allt så ger övning färdighet. Ju oftare du gör övningarna, ju snabbare kommer du att märka skillnad. Vi rekommenderar starkt att du gör programmet dagligen. Planera in i din kalender och avsätt tid för övningarna, gärna på morgonen så du har effekt av dem hela dagen.

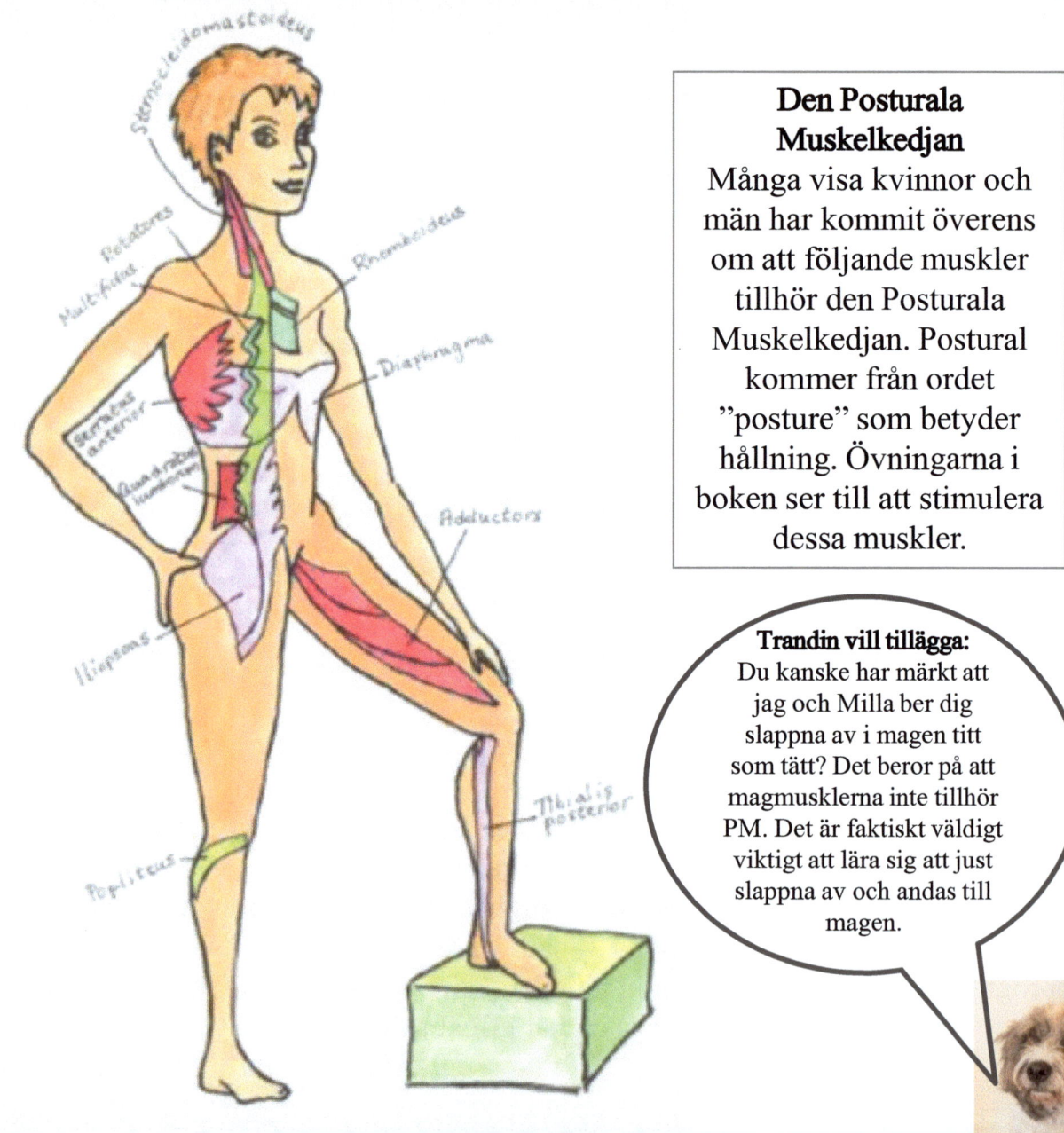

Den Posturala Muskelkedjan

Många visa kvinnor och män har kommit överens om att följande muskler tillhör den Posturala Muskelkedjan. Postural kommer från ordet "posture" som betyder hållning. Övningarna i boken ser till att stimulera dessa muskler.

Trandin vill tillägga:
Du kanske har märkt att jag och Milla ber dig slappna av i magen titt som tätt? Det beror på att magmusklerna inte tillhör PM. Det är faktiskt väldigt viktigt att lära sig att just slappna av och andas till magen.

Den Posturala Muskelkedjan

Vad är då egentligen den Posturala Muskelkedjan (PM)?

Enkelt förklarat; det är de muskler som ser till att din kropp är rak och fin och fungerar optimalt.

Mer invecklat förklarat:

Du har rätt så många muskler i din kropp, runt 600 st. och alla muskler har ett syfte. PM's syfte är att jobba mot tyngdlagen, så att du kan stå, gå, sitta, springa etc. med lätthet och förbli skadefri. Denna muskelkedja är skelettnära och i den bästa av världar så fungerar den som en enhet och jobbar med just vår hållning.

Varför är den så himla viktig då?

Jo förstår du, som vi lever idag så rör vi oss för lite. PM fungerar bara om den används. I annat fall tar andra muskler över dess arbete och då skapar vi kompensationsmönster. Följden av det blir: obalans, spänningar och väldigt ofta smärta.

Till vänster finns en bild (tagen direkt ur en läkarbok) på hur den Posturala Muskelkedjan ser ut.

Vem Är Du & Jag

Charlotte och Elisabeth Liljegren, systrar sedan 80- talet, ovänner under 90- talet, arbetskamrater under 00- talet och affärspartners sedan 10- talet (egentligen sedan -09, men det sabbade lite den kronologiska ordningen).

Gemensamt genom alla tal är vår passion för träning och kroppar. Vad som påverkar, hur det påverkar och varför det påverkar. Just ett *varför* blev starten för det som kommit att bli Connect & Correct. "Varför går så många med utåtroterade fötter?" Detta "varför" blev starten på en helt ny värld för oss. Vi kommer båda från en bakgrund inom dansen. Inom baletten anses utåtroterade fötter som något åtråvärt då det innebär att du kommit så långt i din teknik att du per automatik arbetar med rätt muskler.

Knappast har väl halva Sveriges befolkning dansat för mycket balett?!

Vi fick tips om att söka upp Markus Greus för att få svar på denna fråga. Markus hade logiska svar på alla våra frågor och detta ledde till att vi sedan utbildade oss inom Postural Terapi.

Vid det laget var vi rätt nöjda och belåtna över att se att våra egna fötter minsann petade ut åt sidorna och detta måste ju ändå vara pga. alla år vid balettbarren… eller?! Vi var övertygade om att vi enbart behövde utbildningen för att hjälpa andra då våra kroppar ju var perfektion. Attans vilken käftsmäll det blev när vi började inse att den Posturala Muskulaturen hade stort behov av reparation för oss båda.

Den första utbildningen gav mersmak till fortsatta studier. Vi har plöjt igenom alla Pete Egoscues böcker, hittat fantastiska Posturala Terapeuter runt om i världen samt plockat kunskaper från alla våra tidigare erfarenheter och studier inom dans, yoga och övrig träning.

"En bok!" sa Elisabeth i januari 2020. "Ja!" sa Charlotte som håller med i det mesta som Elisabeth säger. Vår idé med boken är att förmedla en förståelse för hur tämligen enkelt det är att komma i balans. Hur viktigt det är och för att förstå hur fantastisk din kropp är. Din kropp är en enhet och gör allt för att du ska må bra, vara frisk och hålla dig smärtfri. Genom den här bokens enkla övningar kommer du att komma en bra bit på väg.

Vi har hängivet arbetat med detta sedan 2017, haft klasser, personliga kunder, föreläsningar, kurser och hela tiden vidareutbildat oss.

Nu några år senare är vi väldigt nöjda och glada över att se att våra fötter per automatik hamnar rätt fram och presenterar med stolthet vår bok.

Till Sist

Vill du ha filmer på programmen? Vill du fråga oss någonting?
Då kan du antingen maila oss: **info@gymtrana.se**
Eller spana in vår hemsida: **www.gymtrana.se**

Vill du läsa mer om Postural Terapi så rekommenderar vi boken
"Pain Free" av Pete Egoscue

Hundarna

Våra kära hundar!
En gång i tiden var de gatuhundar i
Budapest och nu för tiden är dom
knähundar, skällhundar,
jobbhundar och bästa vänner i
Tranemo.
Milla och Trandin blev
omhändertagna av en organisation
som heter FAPF år 2016 resp.
2017.

Milla & Trandin 2020, en dag på jobbet

Läs gärna mer om FAPF´s
fantastiska arbete och stöd dem.
www.fuzallatvedelem.hu

Milla 2017 när hon hittades

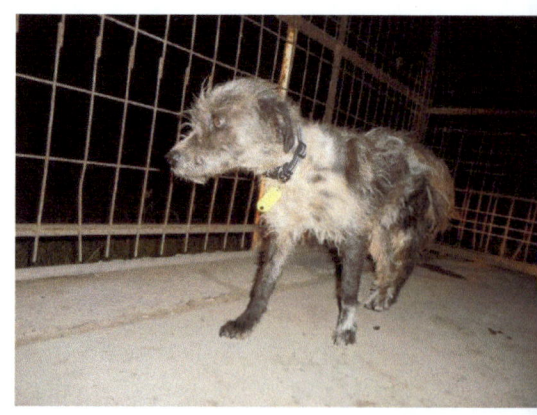

Trandin 2016 när hon hittades

Tack!

Vi vill Tacka från djupet av våra hjärtan till: (alfabetisk ordning)

Familjen;
För att ni stöttar, hjälper och alltid tycker om oss trots allt vi hittar på

Helena;
För introduktionen av Postural Terapi som öppnade Pandoras Ask

Håkan;
För de fina bilderna

Karin;
För att du rättar våra miss tag och din ovillkorliga tillit till oss

Markus Greus;
För allt vi lärt oss genom din utbildning

Vacker Tass!

Önskar Charlotte & Elisabeth